mokykla - škola	2
kelionė - putovanje	5
transportas - transport	8
miestas - grad	10
kraštovaizdis - krajolik	14
restoranas - restoran	17
prekybos centras - supermarket	20
gėrimai - piće	22
maistas - jelo	23
ūkininko ūkis - seosko imanje	27
namas - kuća	31
svetainė - dnevni boravak	33
virtuvė - kuhinja	35
vonios kambarys - kupatilo	38
vaiko kambarys - dječija soba	42
drabužis - odjeća	44
biuras - ured	49
ekonomika - ekonomija	51
profesijos - zanimanja	53
įrankiai - alat	56
muzikos instrumentai - muzički instrumenti	57
zoologijos sodas - zološki vrt	59
sportas - sport	62
užsiėmimai - aktivnosti	63
šeima - porodica	67
kūnas - tijelo	68
ligoninė - bolnica	72
nelaimingas atsitikimas - hitna pomoć	76
Žemė - Zemlja	77
laikrodis - sat	79
savaitė - sedmica, nedjelja	80
metai - godina	81
formos - oblici	83
spalvos - boje	84
priešingos reikšmės žodžiai - suprotnosti	85
skaičiai - brojevi	88
kalbos - jezici	90
kas / ką / kaip - ko / šta / gdje	91
kur - gdje	92

Impressum
Verlag: BABADADA GmbH, Nedderfeld 112 , 22529 Hamburg
Geschäftsführer / Verlagsleitung: Harald Hof
Druck: Books on Demand GmbH, In de Tarpen 42, 22848 Norderstedt

Imprint
Publisher: BABADADA GmbH, Nedderfeld 112 , 22529 Hamburg, Germany
Managing Director / Publishing direction: Harald Hof
Print: Books on Demand GmbH, In de Tarpen 42, 22848 Norderstedt, Germany

mokykla

škola

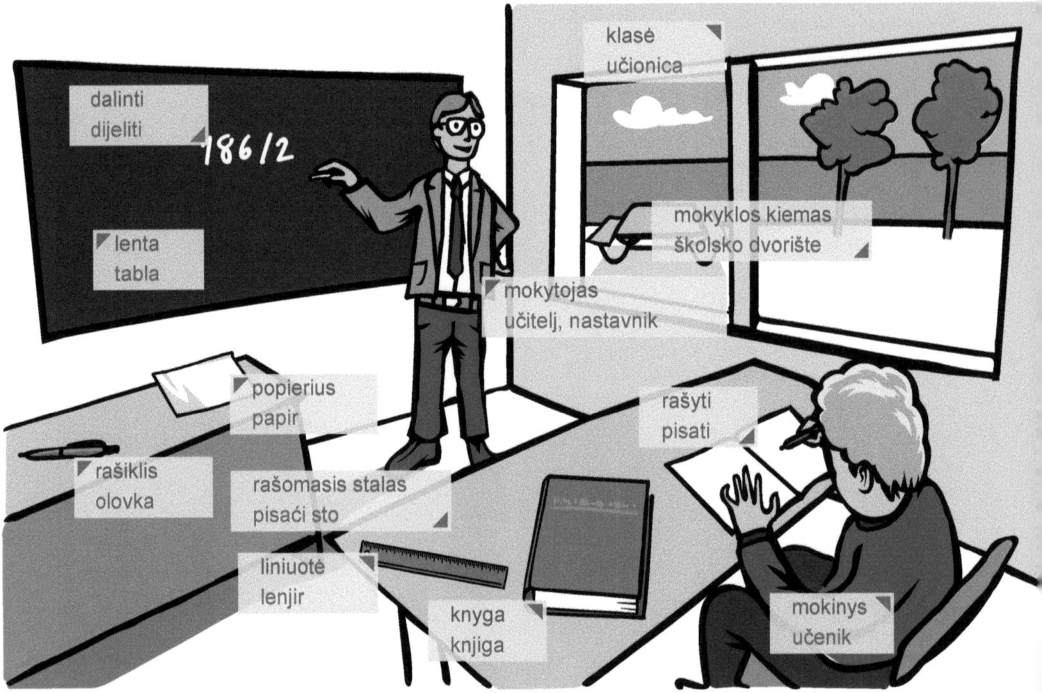
klasė
učionica
dalinti
dijeliti
186/2
lenta
tabla
mokyklos kiemas
školsko dvorište
mokytojas
učitelj, nastavnik
popierius
papir
rašyti
pisati
rašiklis
olovka
rašomasis stalas
pisaći sto
liniuotė
lenjir
knyga
knjiga
mokinys
učenik

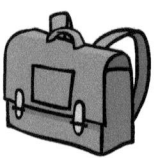

kuprinė

torba

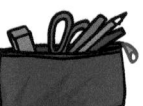

penalas

pernica

pieštukas

drvena olovka

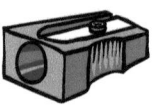

drožtukas

šiljalo za olovke

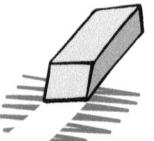

trintukas

gumica

piešimo bloknotas

blok za crtanje

piešinys
....
crtež

teptukas
....
kist

dažų dėžutė
....
kutija s bojama

žirklės
....
makaze

klijai
....
ljepilo

vadovėlis
....
vježbanka

namų darbai
....
domaća zadaća

numeris
....
broj

pridėti
....
sabirati

atimti
....
oduzimati

dauginti
....
množiti

skaičiuoti
....
računati

raidė
....
slovo

abėcėlė
....
abeceda

žodis
....
riječ

tekstas

tekst

skaityti

čitati

kreida

kreda

pamoka

sat

dienynas

školski dnevnik

egzaminas

ispit

pažymėjimas

svjedočanstvo

mokyklinė uniforma

školska uniforma

išsilavinimas

izobrazba

enciklopedija

leksikon

universitetas

univerzitet

mikroskopas

mikroskop

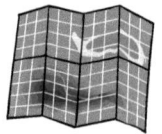

žemėlapis

karta

šiukšliadėžė

korpa za papir

kelionė
putovanje

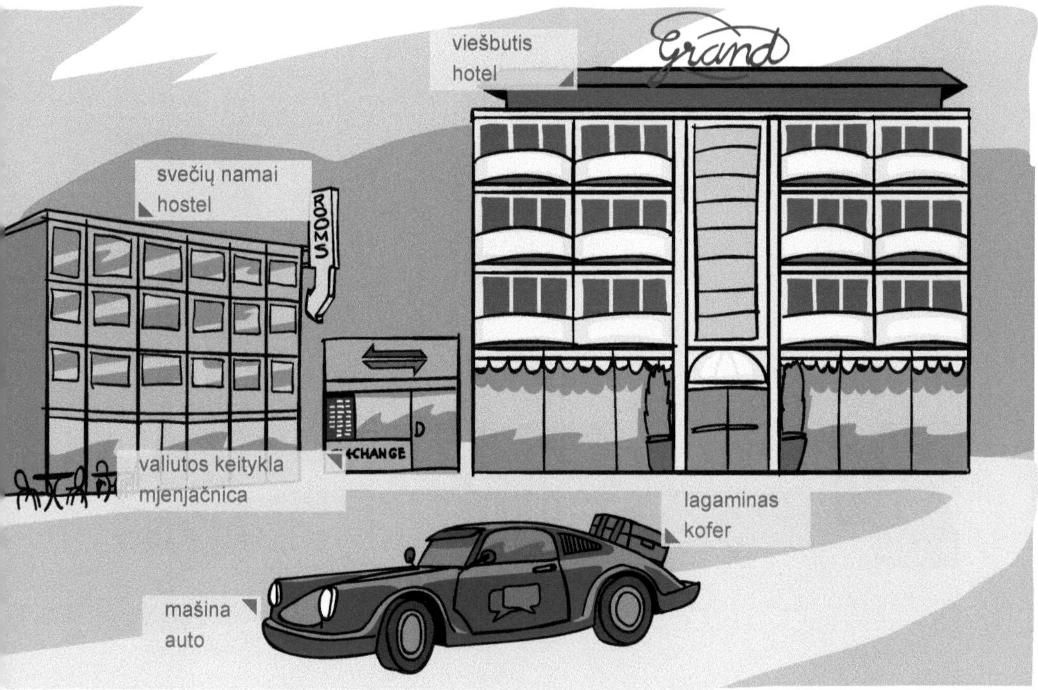
viešbutis
hotel
svečių namai
hostel
ROOMS
valiutos keitykla
mjenjačnica
lagaminas
kofer
mašina
auto

kalba
jezik

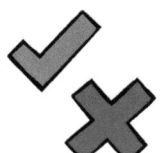

taip / ne
da / ne

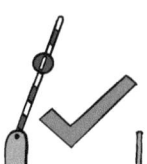

Gerai
okej

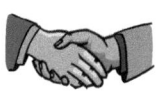

sveiki
zdravo

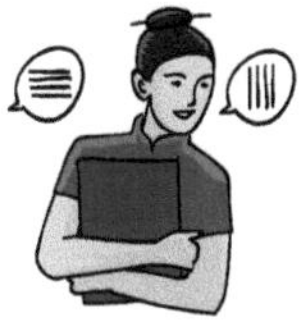

vertėjas raštu
tumač

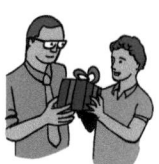

Ačiū
hvala

kiek kainuoja...?

Koliko košta...?

aš nesuprantu

Ne razumijem

problema

problem

Labas vakaras!

dobro veče!

Labas rytas!

Dobro jutro!

Labos nakties!

Laku noć!

viso gero

doviđenja

kryptis

smjer

bagažas

prtljag

krepšys

torba

kuprinė

ruksak

svečias

gost

kambarys

soba

miegmaišis

vreća za spavanje

palapinė

šator

turizmo informacija

turističke informacije

paplūdimys

plaža

kreditinė kortelė

kreditna kartica

pusryčiai

doručak

pietūs

ručak

vakarienė

večera

bilietas

putna karta

liftas

lift

pašto ženklas

poštanska markica

siena

granica

muitinė

carina

ambasada

ambasada

viza

viza

pasas

pasoš

transportas

transport

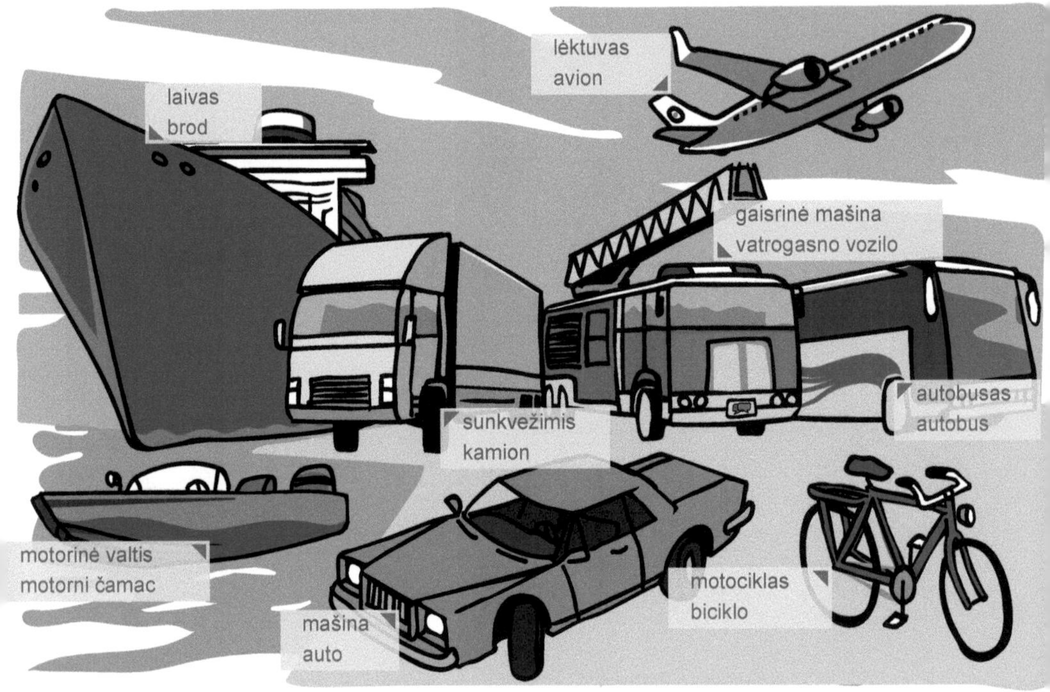
lėktuvas
avion
laivas
brod
gaisrinė mašina
vatrogasno vozilo
autobusas
autobus
sunkvežimis
kamion
motorinė valtis
motorni čamac
motociklas
biciklo
mašina
auto

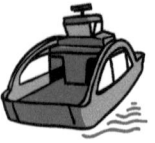

keltas

trajekt

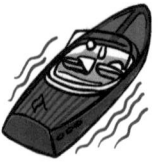

valtis

brod

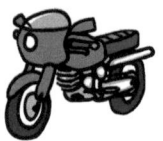

mopedas

motocikl

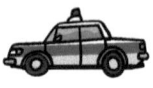

policijos automobilis

policijski automobil

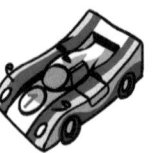

lenktyninis automobilis

trkaći automobil

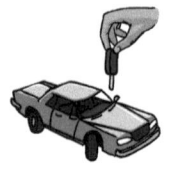

nuomojamas automobilis

unajmljeni automobil

bendras automobilio
naudojimas
....
kar-šering

techninės pagalbos
automobilis
....
pauk

šiukšliavežė
....
smećarsko vozilo

variklis
....
motor

degalai
....
gorivo

degalinė
....
benzinska pumpa

kelio ženklas
....
saobraćajni znak

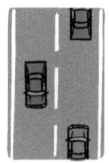

eismas
....
saobraćaj

eismo spūstis
....
zastoj

mašinų stovėjimo aikštelė
....
parking

traukinių stotis
....
željeznička stanica

bėgiai
....
šine

traukinys
....
voz

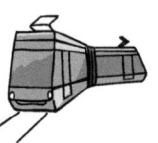

tramvajus
....
tramvaj

vagonas
....
vagon

sraigtasparnis

helikopter

oro uostas

aerodrom

bokštas

toranj

keleivis

putnik

konteineris

kontejner

dėžė

karton

vežimėlis

tačke

krepšys

korpa

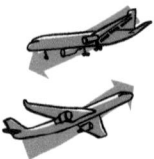

pakilti / nusileisti

poletjeti / sletjeti

miestas

grad

kaimas

selo

miesto centras

centar grada

namas

kuća

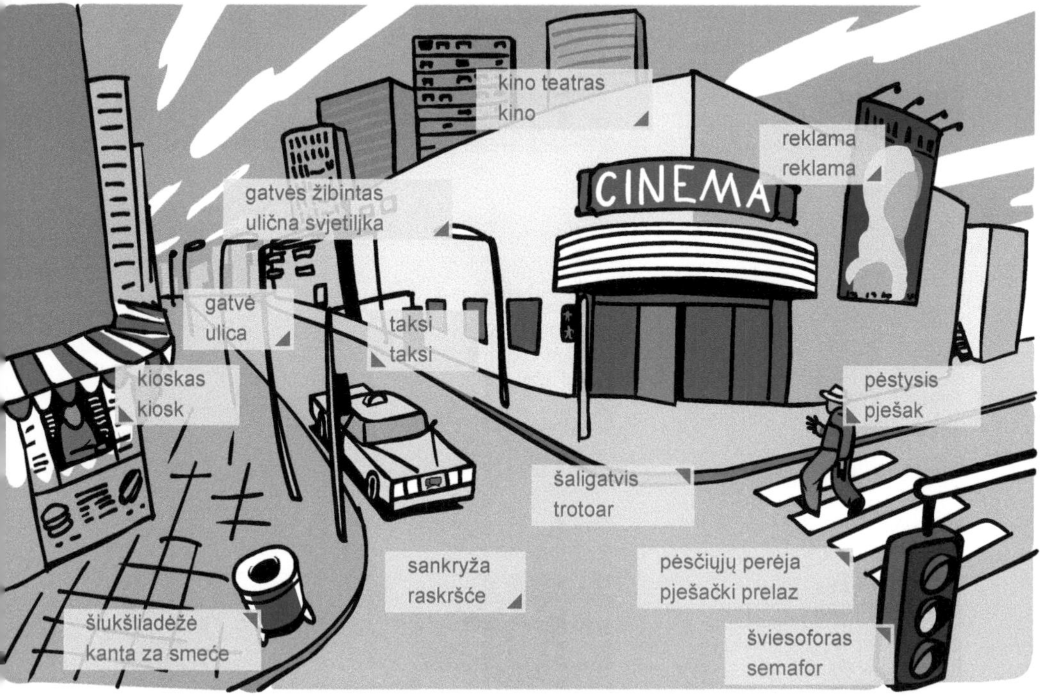

kino teatras
kino

reklama
reklama

gatvės žibintas
ulična svjetiljka

CINEMA

gatvė
ulica

taksi
taksi

pėstysis
pješak

kioskas
kiosk

šaligatvis
trotoar

sankryža
raskršće

pėsčiųjų perėja
pješački prelaz

šiukšliadėžė
kanta za smeće

šviesoforas
semafor

trobelė
koliba

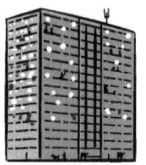

butas
stan

traukinių stotis
željeznička stanica

rotušė
vjećnica

muziejus
muzej

mokykla
škola

universitetas

univerzitet

bankas

banka

ligoninė

bolnica

viešbutis

hotel

vaistinė

apoteka

biuras

ured

knygynas

knjižara

parduotuvė

radnja

gėlių parduotuvė

cvjećara

prekybos centras

supermarket

turgus

pijaca

universalinė parduotuvė

robna kuća

žuvies parduotuvė

prodavač ribe

prekybos centras

trgovački centar

uostas

luka

parkas

park

suoliukas

klupa

tiltas

most

laiptai

stepenice

metro

podzemna željeznica

tunelis

tunel

autobusų stotelė

autobuska stanica

baras

bar

restoranas

restoran

lauko pašto dėžutė

poštanski sandučić

kelio ženklas

saobraćajni znak

parkomatas

sat za naplatu parkinga

zoologijos sodas

zološki vrt

baseinas

bazen

mečetė

džamija

ūkininko ūkis

seosko imanje

tarša

zagađenje okoline

kapinės

groblje

bažnyčia

crkva

žaidimų aikštelė

igralište

šventykla

hram

kraštovaizdis
krajolik

lapas
list

kelio rodyklė
putokaz

kelias
putokaz

pieva
livada

akmuo
kamen

medis
drvo

ėjikas
putnik

upė
rijeka

žolė
trava

gėlė
cvijet

slėnis	kalva	ežeras
dolina	brdo	jezero

	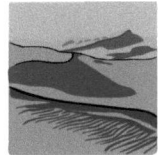	
miškas	dykuma	ugnikalnis
šuma	pustinja	vulkan

pilis	vaivorykštė	grybas
dvorac	duga	gljiva

palmė	uodas	musė
palma	komarac	muha

skruzdėlė	bitė	voras
mrav	pčela	pauk

vabalas

buba

varlė

žaba

voverė

vjeverica

ežys

jež

kiškis

zec

pelėda

sova

paukštis

ptica

gulbė

labud

šernas

divlja svinja

elnias

jelen

briedis

los

užtvanka

brana

vėjo jėgainė

vjetrenjača

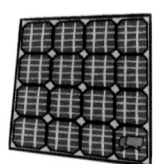

saulės baterija

solarni modul

klimatas

klima

restoranas
restoran

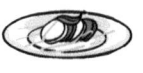

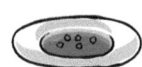

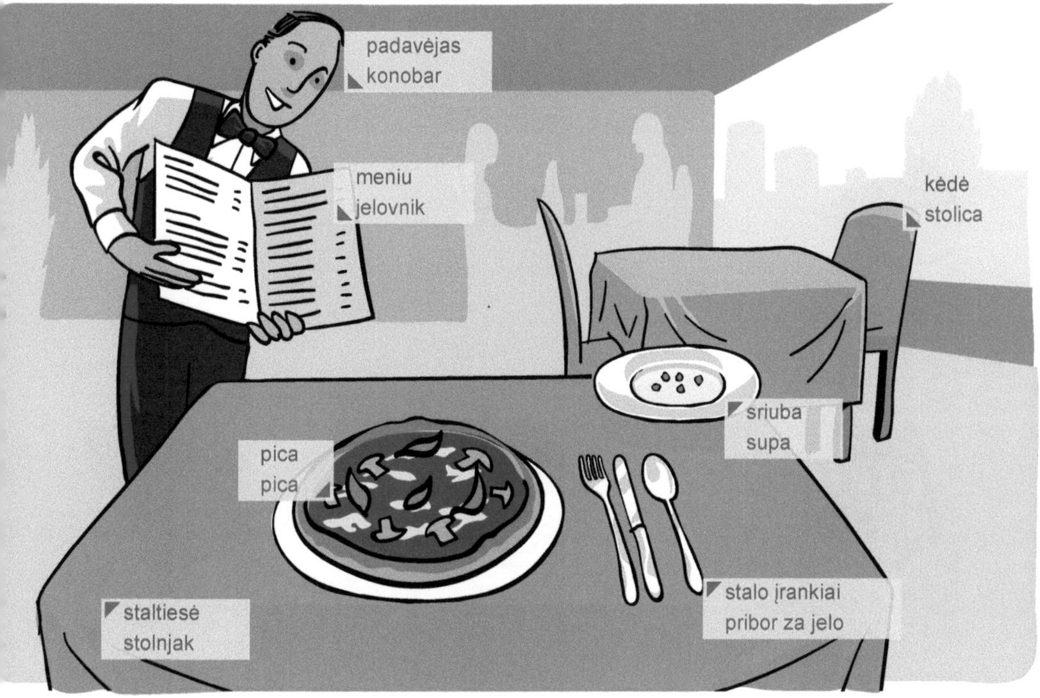
padavėjas
konobar
meniu
jelovnik
kėdė
stolica
sriuba
supa
pica
pica
stalo įrankiai
pribor za jelo
staltiesė
stolnjak

užkandis

predjelo

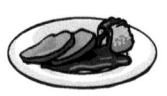

pagrindinis patiekalas

glavno jelo

desertas

desert

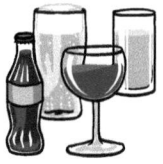

gėrimai

piće

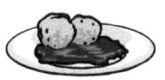

maistas

jelo

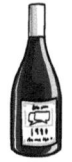

butelis

flaša

greitai pateikiamas maistas

brza hrana

gatvės maistas

jelo sa ulice

arbatinukas

čajnik

cukrinė

šećernica

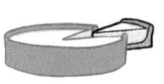

porcija

porcija

espreso aparatas

mašina za espreso

aukšta kėdė

barska stolica

sąskaita

račun

padėklas

tacna

peilis

nož

šakutė

viljuška

šaukštas

kašika

arbatinis šaukštelis

kašičica

servetėlė

salveta

stiklinė

čaša

lėkštė

tanjir

sriubos lėkštė

tanjir za supu

padėklas

tanjurić

padažas

sos

druskinė

solanik

pipirų malūnėlis

mlin za biber

actas

sirće

aliejus

ulje

prieskoniai

začini

kečupas

kečap

garstyčios

senf

majonezas

majoneza

prekybos centras
supermarket

specialus pasiūlymas
ponuda
pirkėjas
klijent
FOR
pieno produktai
mliječni proizvodi
vaisiai
voće
troleibusas
kolica za kupovinu

BUTCHERS

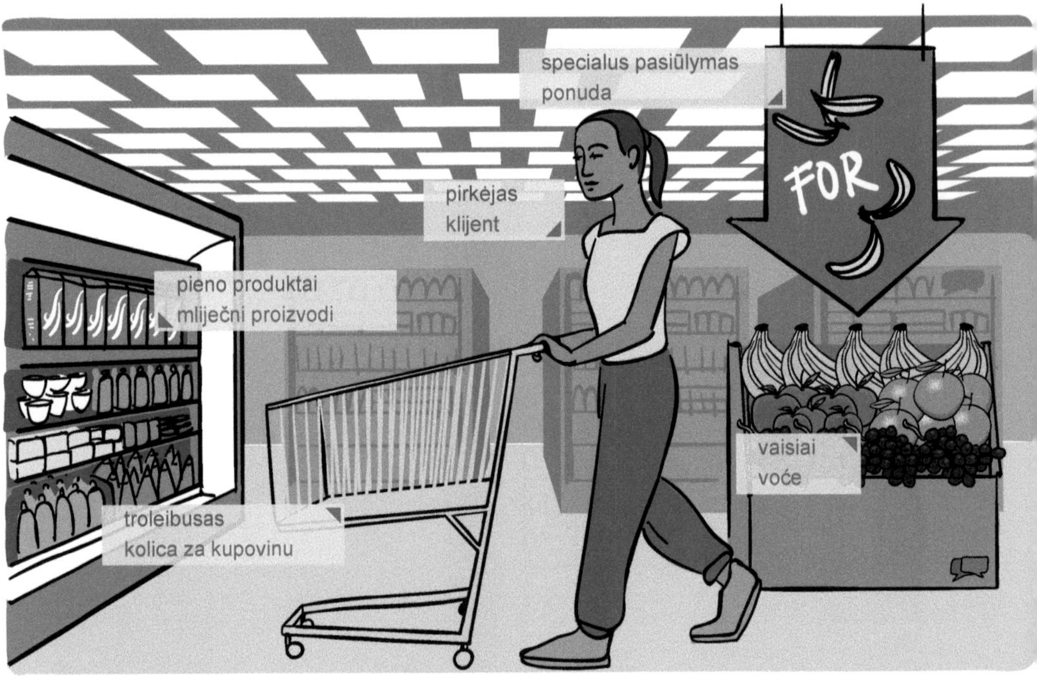

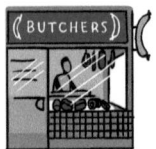

mėsos parduotuvė

mesnica- klaonica

BAKERY

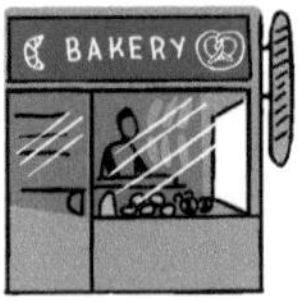

kepykla

pekara

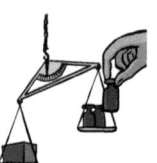

sverti

vagati

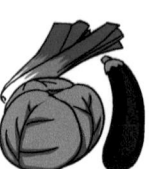

daržovės

povrće

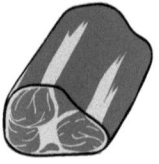

mėsa

meso

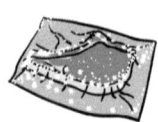

šaldytas maistas

zaleđena hrana

šalti mėsos užkandžiai

narezak

konservai

konzerve

skalbimo milteliai

prašak za veš

saldumynai

slatkiši

ūkinės prekės

kućanski proizvodi

valymo priemonės

sredstvo za čišćenje

pardavėja

prodavačica

kasos aparatas

kasa

kasininkas

blagajnik

pirkinių sąrašas

lista za kupovinu

darbo valandos

radno vrijeme

piniginė

novčanik

kreditinė kortelė

kreditna kartica

maišelis

torba

plastikinis maišelis

najlonska vrećica

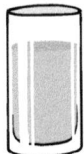

vanduo

voda

sultys

sok

pienas

mlijeko

kola

kola

vynas

vino

alus

pivo

alkoholis

alkohol

kakava

kakao

arbata

čaj

kava

kafa

espresas

espreso

kapučinas

kapućino

bananas

banana

obuolys

jabuka

apelsinas

narandža

arbūzas

lubenica

citrina

limun

morka

mrkva

česnakas

bijeli luk

bambukas

bambus

svogūnas

crveni luk

grybas

gljiva

riešutai

orašasti plodovi

makaronai

pasta

spagečiai
špagete

ryžiai
riža

salotos
salata

traškučiai
pomfrit

keptos bulvės
pečeni krompir

pica
pica

mėsainis
hamburger

sumuštinis
sendvič

pjausnys
šnicla

kumpis
šunka

saliamis
kobasica

dešrelė
kobasica

vištiena
kokoš

kepsnys
pečenje

žuvis
riba

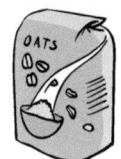

avižų dribsniai

zobene pahuljice

dribsniai su priedais

muzli

kukurūzų dribsniai

kornfleks

miltai

brašno

prancūziškasis ragelis

kroason

bandelė

zemičke

duona

kruh

skrebutis

tost

sausainiai

keksi

sviestas

maslac

varškė

svježi sir

tortas

kolač

kiaušinis

jaje

kiaušinienė

jaje na oko

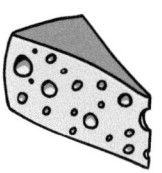

sūris

sir

ledai

sladoled

cukrus

šećer

medus

med

uogienė

marmelada

tepamas šokoladas

nugat krema

karis

kuri

ūkininko ūkis

seosko imanje

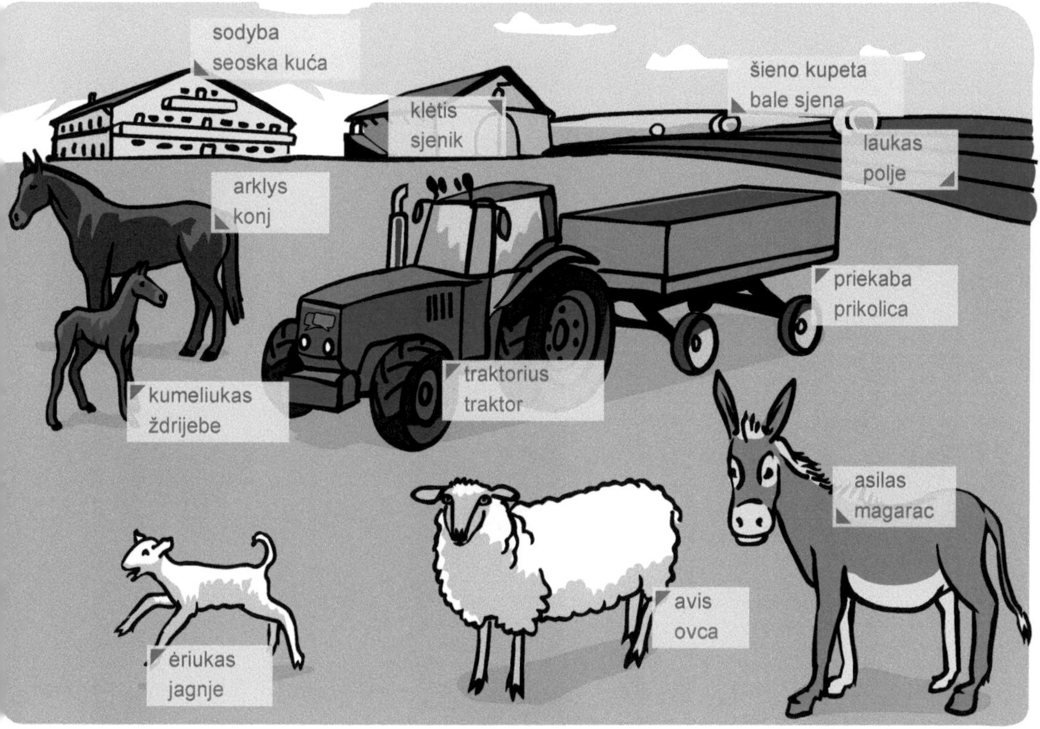
sodyba
seoska kuća
klėtis
sjenik
šieno kupeta
bale sjena
laukas
polje
arklys
konj
priekaba
prikolica
kumeliukas
ždrijebe
traktorius
traktor
asilas
magarac
avis
ovca
ėriukas
jagnje

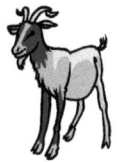

ožys

koza

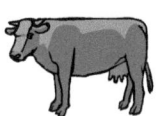

karvė

krava

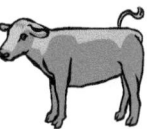

veršis

tele

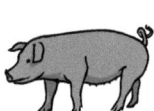

kiaulė

svinja

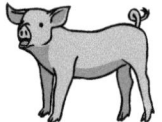

paršelis

prase

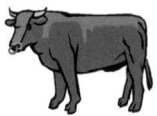

bulius

bik

žąsis

guska

antis

patka

viščiukas

pile

višta

kokoška

gaidys

pjetao

žiurkė

pacov

katė

mačka

pelė

miš

jautis

vol

šuo

pas

šuns būda

pseća kućica

sodo namas

crijevo za baštu

laistytuvas

kanta za zalijevanje

dalgis

kosa

plūgas

plug

ūkininko ūkis - seosko imanje

pjautuvas

srp

kauptukas

motika

šakės

vile

kirvis

sjekira

statinė

tačke

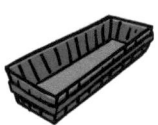

lovys

korito

bidonas

bokal za mlijeko

maišas

vreća

tvora

ograda

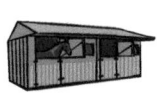

arklidė

štala

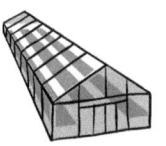

šiltnamis

staklenik

dirva

tlo

sėkla

sjeme

trąšos

đubrivo

kombainas

kombajn

rinkti

kositi

derlius

žetva

saldžiosios bulvės

jam korijen

kviečiai

pšenica

soja

soja

bulvė

krompir

kukurūzai

kukuruz

rapsai

uljana repica

vaismedis

drvo voća

manijokas

manioka

grūdai

žito

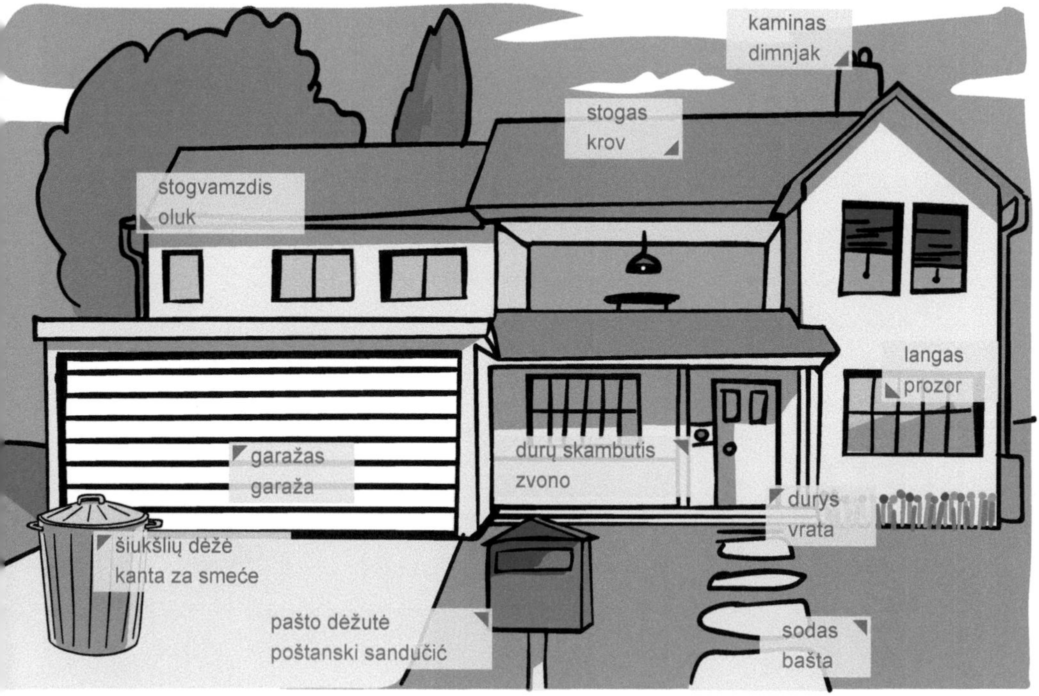

kaminas
dimnjak

stogas
krov

stogvamzdis
oluk

langas
prozor

garažas
garaža

durų skambutis
zvono

durys
vrata

šiukšlių dėžė
kanta za smeće

pašto dėžutė
poštanski sandučić

sodas
bašta

svetainė

dnevni boravak

vonios kambarys

kupatilo

virtuvė

kuhinja

miegamasis

spavaća soba

vaiko kambarys

dječija soba

valgomasis

trpezarija

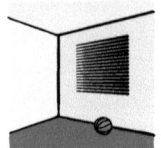

grindys

pod, tlo

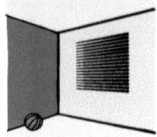

siena

zid

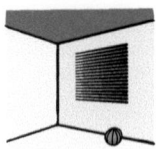

lubos

plafon

rūsys

podrum

sauna

sauna

balkonas

balkon

terasa

terasa

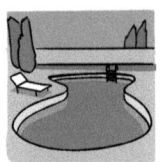

baseinas

bazen

žoliapjovė

kosilica

paklodė

posteljina

lovatiesė

pokrivač

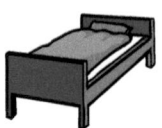

lova

krevet

šluota

metla

kibiras

kanta

jungiklis

prekidač

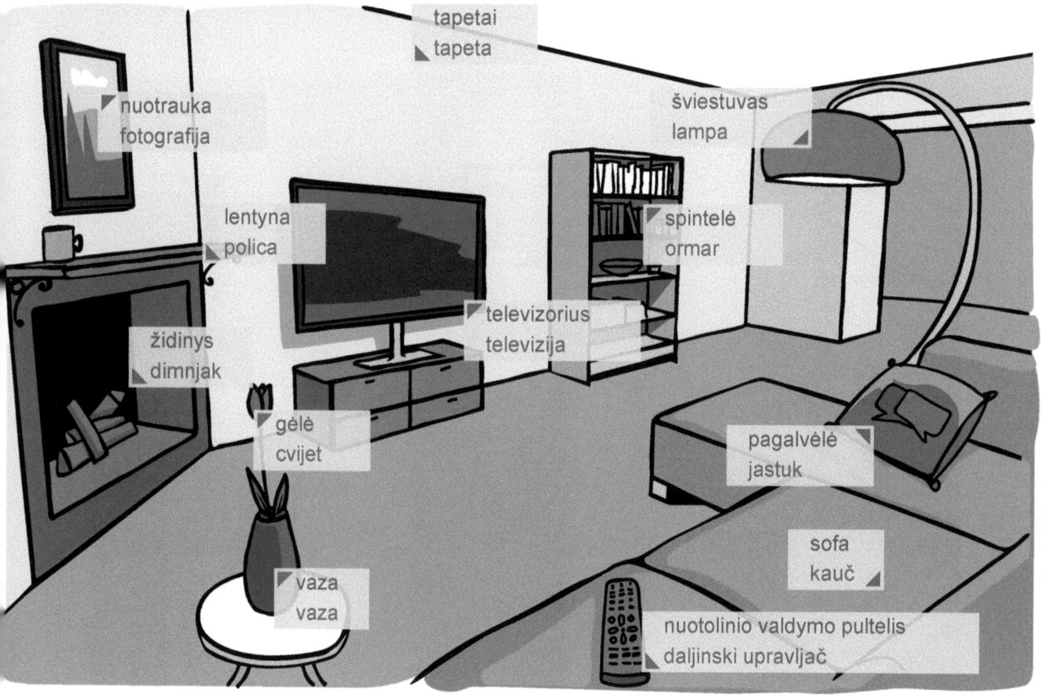

tapetai
tapeta

nuotrauka
fotografija

šviestuvas
lampa

lentyna
polica

spintelė
ormar

televizorius
televizija

židinys
dimnjak

gėlė
cvijet

pagalvėlė
jastuk

sofa
kauč

vaza
vaza

nuotolinio valdymo pultelis
daljinski upravljač

kilimas
tepih

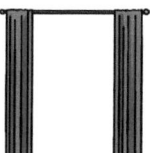

užuolaida
zavjesa

stalas
stol

kėdė
stolica

supamasis krėslas
stolica za ljuljanje

fotelis
fotelja

knyga
......
knjiga

antklodė
......
deka

papuošimai
......
dekoracija

malkos
......
ložno drvo

filmas
......
film

stereo aparatūra
......
stereo uređaj

raktas
......
ključ

laikraštis
......
novine

paveikslas
......
umjetnička slika

plakatas
......
poster

radijas
......
radio

užrašų knygelė
......
blok za bilješke

dulkių siurblys
......
usisavač

kaktusas
......
kaktus

žvakė
......
svijeća

virtuvė
kuhinja

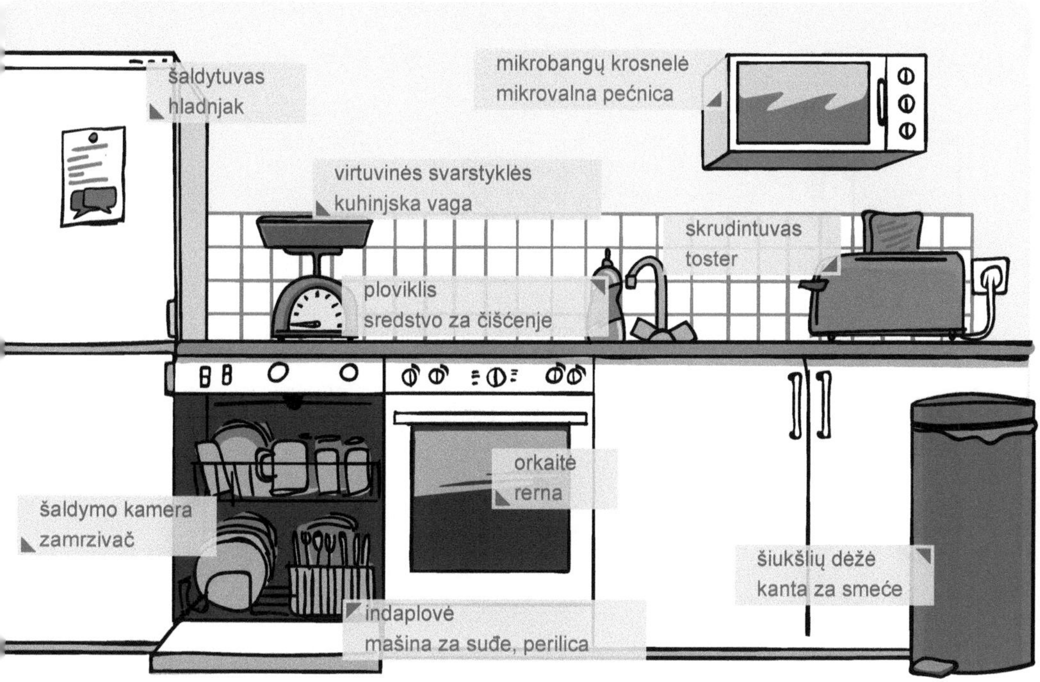
šaldytuvas
hladnjak
mikrobangų krosnelė
mikrovalna pećnica
virtuvinės svarstyklės
kuhinjska vaga
skrudintuvas
toster
ploviklis
sredstvo za čišćenje
orkaitė
rerna
šaldymo kamera
zamrzivač
šiukšlių dėžė
kanta za smeće
indaplovė
mašina za suđe, perilica

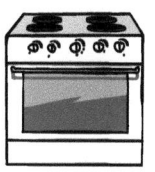

viryklė

peć

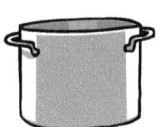

puodas

lonac

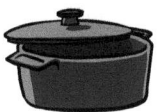

ketaus puodas

metalni lonac

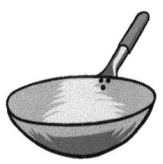

„wok“ keptuvė

vok / kadai

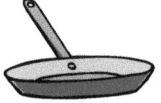

keptuvė

tava, tiganj

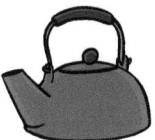

virdulys

kuhalo

garų puodas

aparat za kuhanje na pari

kepimo skarda

lim za pečenje

porceliano indai

posuđe

puodelis

šalica

dubuo

činija

valgomosios lazdelės

kineski štapići

samtis

kutlača

mentelė

lopatica

plaktuvas

metlica za snijeg bjelanjca

koštuvas

sito za kuhanje

sietas

sito

trintuvė

ribež

grūstuvė

avan s tučkom

kepsninė

roštilj

atvira liepsna

ložište

pjaustymo lentelė

daska

kočėlas

oklagija

kamščiatraukis

vadičep

skardinė

konzerva

skardinių atidarytuvas

otvarač za konzerve

puodkėlė

krpe za lonac

kriauklė

sudoper

šepetys

četka

kempinė

spužva

trintuvas

mikser

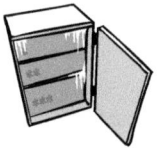

šaldiklis

zamrzivač

kūdikių buteliukas

flašica za bebu

čiaupas

slavina

vonios kambarys

kupatilo

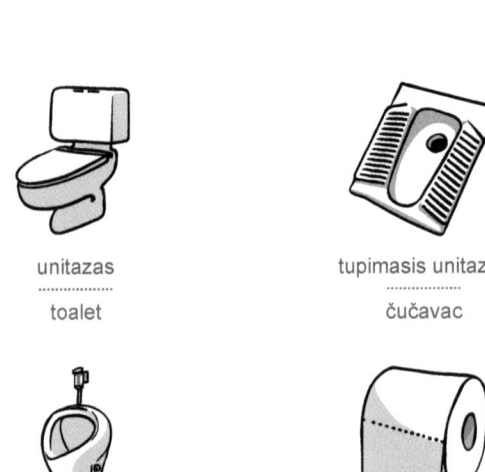

šildymas
grijanje
rankšluostis
peškir
dušas
tuš
dušo užuolaidos
zavjesa za tuš
vonios putos
pjenušava kupka
vonia
kada
stiklinė
čaša
skalbimo mašina
mašina za veš
čiaupas
slavina
plytelės
pločice
naktinis puodukas
dječja kahlica
kriauklė
sudoper

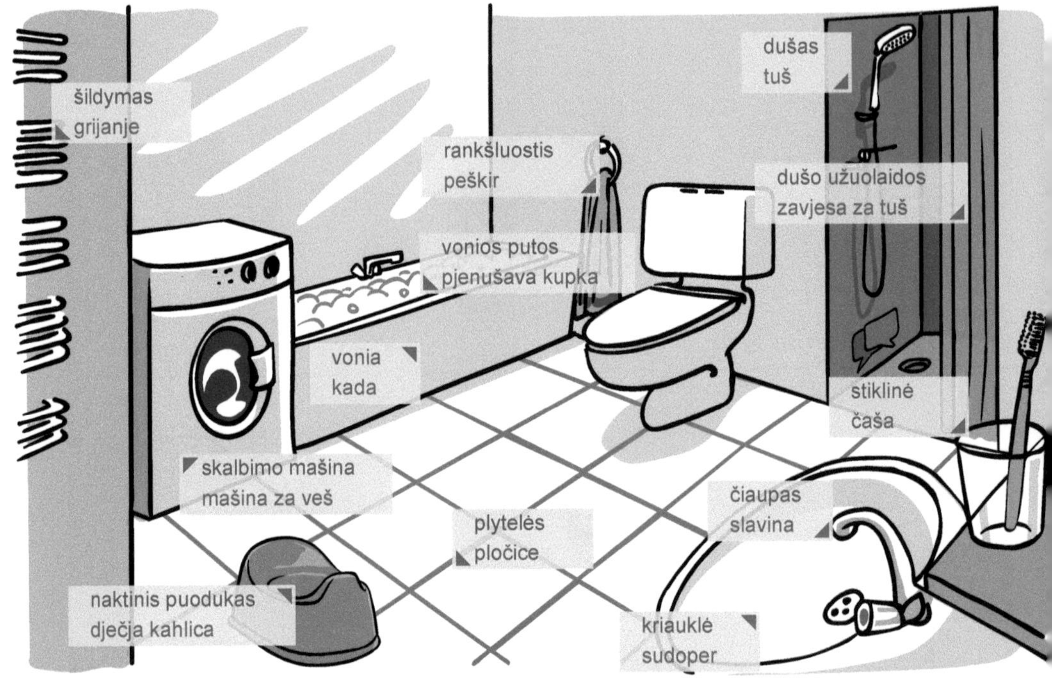

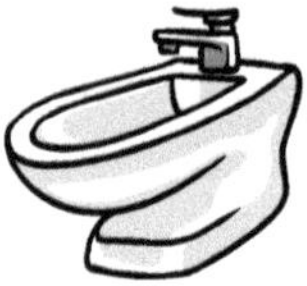

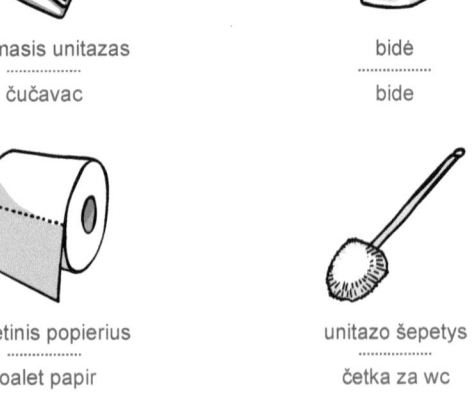

unitazas
toalet

tupimasis unitazas
čučavac

bidė
bide

pisuaras
pisoar

tualetinis popierius
toalet papir

unitazo šepetys
četka za wc

dantų šepetėlis

četkica za zube

dantų pasta

pasta za zube

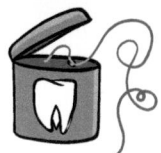

dantų siūlas

zubni konac

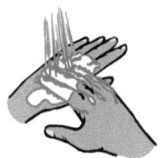

plauti

prati

dušo galvutė

tuš

higieninis dušas

intimni tuš

praustuvas

lavor

nugaros plaušinė

četka za leđa

muilas

sapun

dušo želė

gel za tuširanje

šampūnas

šampon

plaušinė

krpe za pranje

kanalizacija

odvod

kremas

krema

dezodorantas

dezodorans

veidrodis

ogledalo

veidrodėlis

ogledalo za šminkanje

skustuvas

brijač

skutimosi putos

pjena za brijanje

losjonas po skutimosi

vodica poslije brijanja

šukos

češalj

šepetys

četka

plaukų džiovintuvas

fen

plaukų lakas

sprej za kosu

makiažas

puder

lūpdažis

karmin

nagų lakas

lak za nokte

vata

vata

žirklutės nagams

makazice za nokte

kvepalai

parfem

maišelis skalbiniams

kozmetička torbica

taburetė

hoklica

svarstyklės

vaga

chalatas

kupaći ogrtač

guminės pirštinės

rukavice za čišćenje

tamponas

tampon

higieninis įklotas

uložak za dame

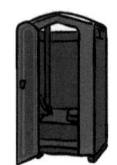

biotualetas

hemijski toalet

vaiko kambarys
dječija soba

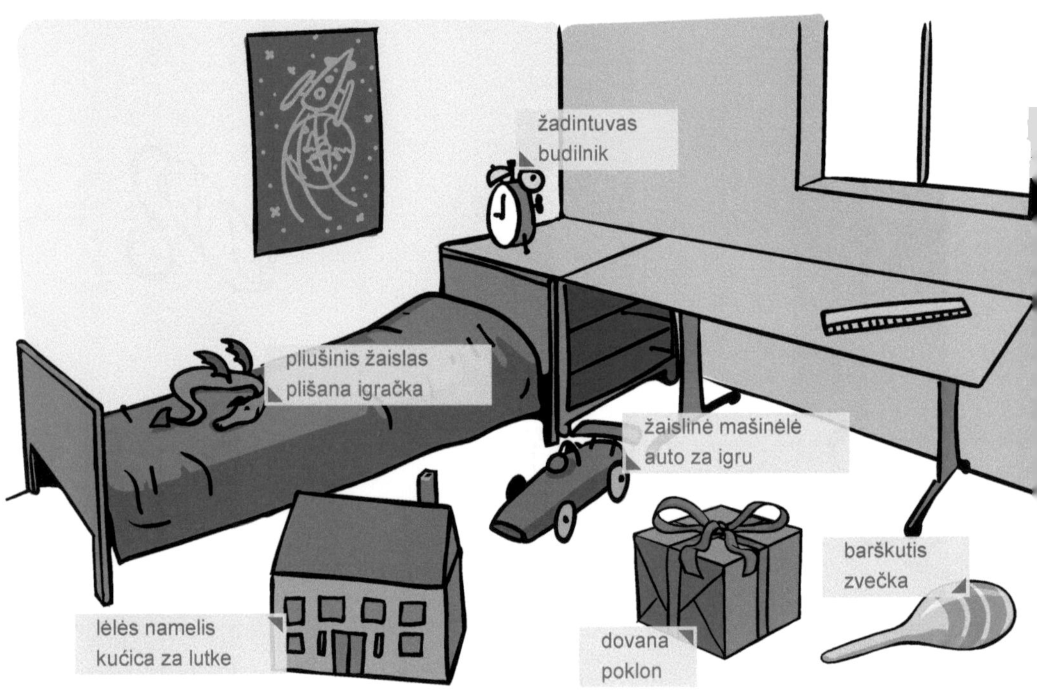

žadintuvas
budilnik
pliušinis žaislas
plišana igračka
žaislinė mašinėlė
auto za igru
barškutis
zvečka
lėlės namelis
kućica za lutke
dovana
poklon

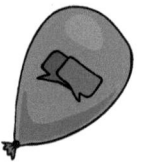

balionas

balon

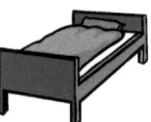

lova

krevet

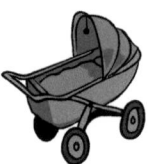

vaikiškas vežimėlis

kolica za djecu

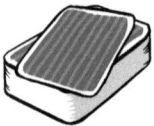

kortų malka

karte za igranje

delionė

puzle

SUPER
MEGA

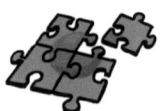

komiksai

strip

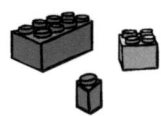

lego kaladėlės

lego kockice

žaislinės kaladėlės

kockice za gradnju

figūrėlė

akcione figure

šliaužtinukai

benkica

mėtymo lėkštė

frizbi

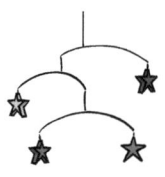

karuselė

mobile

stalo žaidimas

igra na ploči

kauliukai

kocka

žaislinis traukinys

miniatura željeznice

žindukas

cucla

vakarėlis

zabava

paveiksliukų knygelė

slikovnica

kamuolys

lopta

lėlė

lutka

žaisti

igrati

smėlio dėžė

pješćanik

sūpynės

ljuljačka

žaislai

igračke

žaidimų konsolė

konzola za igru

triratukas

triciklo

meškiukas

medvjedić

drabužių spinta

ormar

drabužis

odjeća

kojinės

kratke čarape

kojinės virš kelių

čarape

pėdkelnės

hulahopke

šalikas
šal

diržas
kaiš

skėtis
kišobran

marškinėliai
majica kratkih rukava

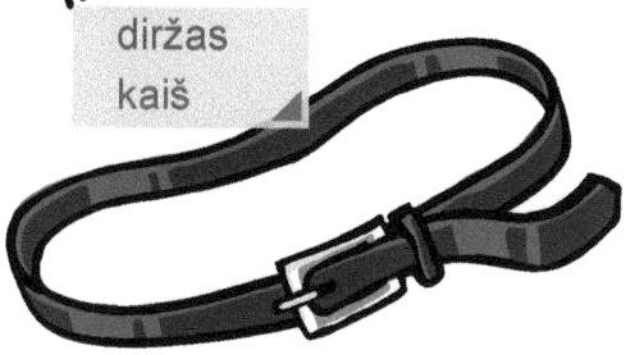

ilgaauliai batai
čizme

šlepetės
papuče

sportbačiai
patike

sandalai

sandale

batai

cipele

guminiai batai

gumene čizme

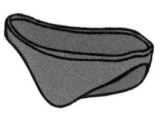

trumpikės

gaće

liemenėlė

grudnjak

liemenė

potkošulja

drabužis - odjeća

45

glaustinukė
bodi

kelnės
hlače

džinsai
farmerke

sijonas
suknja

palaidinė
bluza

marškiniai
košulja

megztinis
džemper

megztinis su gobtuvu
majica

švarkelis
sako

švarkas
jakna

paltas
mantil

lietpaltis
kišni mantil

kostiumas
kostim

suknelė
haljina

vestuvinė suknelė
vjenčanica

drabužis - odjeća

kostiumas

odijelo

naktiniai marškiniai

spavaćica

pižama

pidžama

saris

sari

skarelė

marama

tiurbanas

turban

burka

burka

kaftanas

kaftan

abaja

abaja

maudymosi kostiumėlis

kupaći kostim

glaudės

kupaće gaće

šortai

kratke hlače

sportinis kostiumas

trenerka

prijuostė

pregača

pirštinės

rukavice

saga

dugme

akiniai

naočare

apyrankė

narukvica

vėrinys

ogrlica

žiedas

prsten

auskaras

naušnica

kepurė

kapa

pakabas

vješalica

skrybėlė

šešir

kaklaraištis

kravata

užtrauktukas

patentni zatvarač

šalmas

kaciga

breketai

tregeri za hlače

mokyklinė uniforma

školska uniforma

uniforma

uniforma

drabužis - odjeća

seilinukas
podbradak

žindukas
cucla

vystyklai
pelene

biuras
ured

dokumentų spinta
ormar za kartoteku

serveris
server

popierius
papir

spausdintuvas
štampač

vaizduoklis
monitor

rašomasis stalas
pisaći sto

pelė
miš

aplankas
registrator

klaviatūra
tastatura

šiukšliadėžė
korpa za papir

kompiuteris
kompjuter

kėdė
stolica

kavos puodelis
šolja za kafu

kalkuliatorius
kalkulator

internetas
internet

nešiojamasis kompiuteris

laptop

laiškas

pismo

žinutė

poruka

mobilusis telefonas

mobilni telefon

tinklas

mreža

fotokopijavimo aparatas

aparat za kopiranje

programinė įranga

softver

telefonas

telefon

kištukinis lizdas

utičnica

faksas

faks

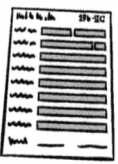

forma

formular

dokumentas

dokument

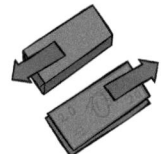

pirkti

kupovati

mokėti

platiti

prekiauti

trgovati

pinigai

novac

doleris

dolar

euras

euro

jena

jen

rublis

rublja

Šveicarijos frankas

franak

juanis

renminbi jen

rupija

rupi

bankomatas

bankomat

valiutos keitykla

mjenjačnica

auksas

zlato

sidabras

srebro

nafta

nafta

energija

energija

kaina

cijena

sutartis

ugovor

mokestis

porez

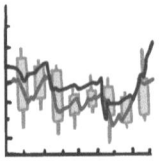

akcijos

akcija

dirbti

raditi

darbuotojas

službenik

darbdavys

poslodavac

gamykla

fabrika

parduotuvė

radnja

policininkas
policajac

ugniagesys
vatrogasac

virėjas
kuhar

gydytojas
ljekar

lakūnas
pilot

sodininkas

baštovan

stalius

stolar

siuvėja

krojačica

teisėjas

sudija

chemikas

hemičar

aktorius

glumac

autobuso vairuotojas

vozač autobusa

taksi vairuotojas

vozač taksija

žvejys

ribar

valytoja

čistačica

stogdengys

krovopokrivač

padavėjas

konobar

medžiotojas

lovac

dailininkas

moler

kepėjas

pekar

elektrikas

električar

statybininkas

građevinski radnik

inžinierius

inženjer

mėsininkas

koljač

santechnikas

limar, vodoinstalater

paštininkas

poštar

kareivis

vojnik

architektas

arhitekta

kasininkas

blagajnik

gėlininkas

cvjećar

kirpėjas

frizer

konduktorius

kontrolor

mechanikas

mehaničar

kapitonas

kapiten

odontologas

zubar

mokslininkas

naučnik

rabinas

rabin

imamas

imam

vienuolis

monah

kunigas

sveštenik

įrankiai
alat

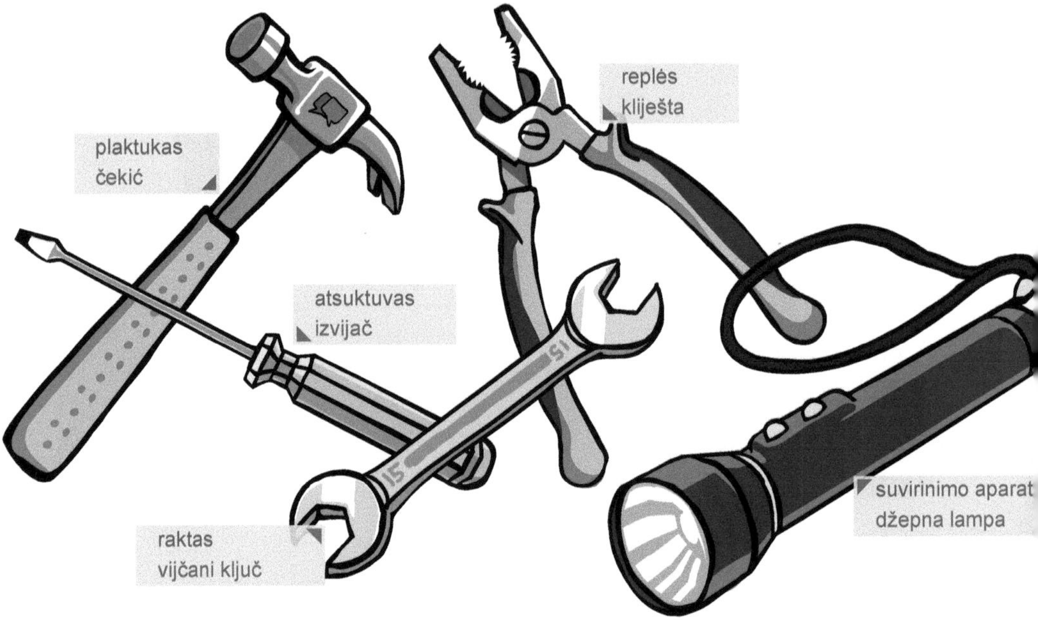

replės
kliješta
plaktukas
čekić
atsuktuvas
izvijač
raktas
vijčani ključ
suvirinimo aparat
džepna lampa

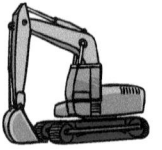

ekskavatorius

bager

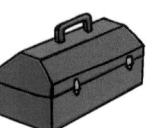

įrankių dėžė

kutija sa alatom

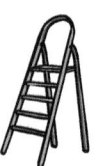

kopėčios

ljestve

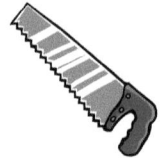

pjūklas

testera, pila

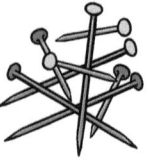

vinys

ekser

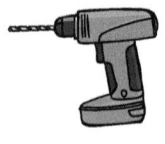

grąžtas

bušilica

taisyti
popraviti

kastuvas
lopata

Velniava!
sranje!

semtuvėlis
lopatica

dažų skardinė
kanta boje

varžtai
vijak

muzikos instrumentai
muzički instrumenti

garsiakalbis
zvučnik

būgnų rinkinys
bubnjevi

gitara
gitara

kontrabosas
kontrabas

trimitas
truba

pianinas

klavir

smuikas

violina

bosinė gitara

bas

timpanas

bubanj timpani

būgnai

bubanj

sintezatorius

sintisajzer

saksofonas

saksofon

fleita

flauta

mikrofonas

mikrofon

zoologijos sodas
zološki vrt

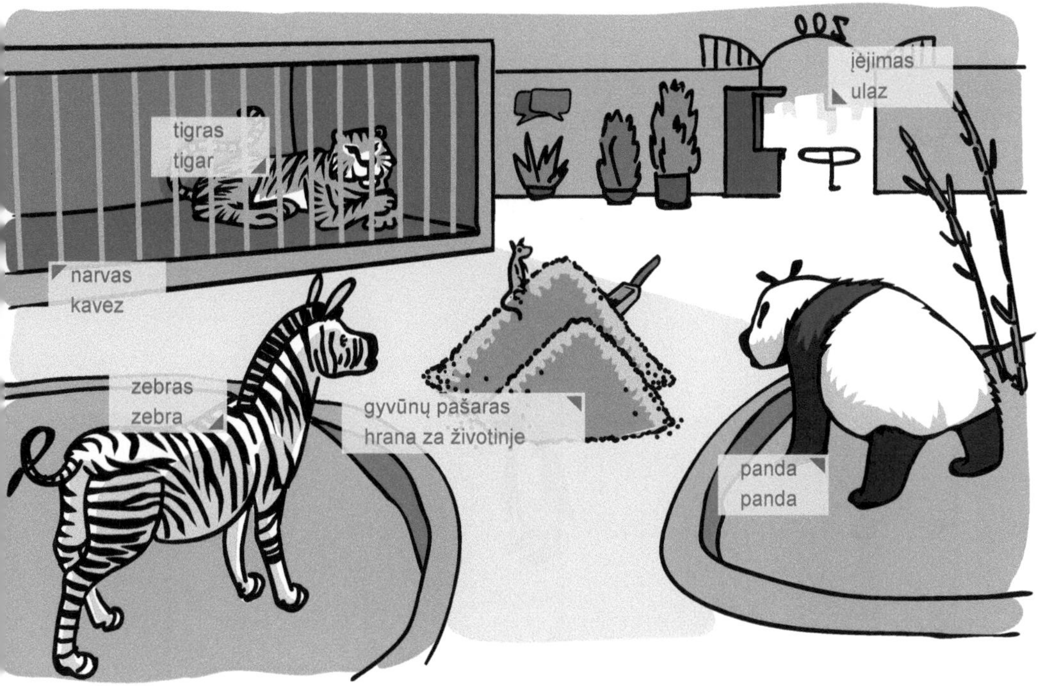
tigras
tigar
narvas
kavez
įėjimas
ulaz
zebras
zebra
gyvūnų pašaras
hrana za životinje
panda
panda

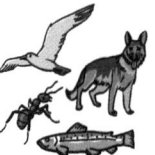

gyvūnai
životinje

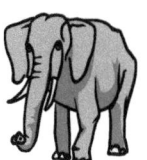

dramblys
slon

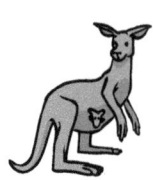

kengūra
kengur

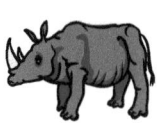

raganosis
nosorog

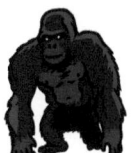

gorila
gorila

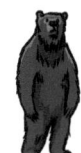

meška
medvjed

kupranugaris

kamila

strutis

noj

liūtas

lav

beždžionė

majmun

flamingas

flamingo

papūga

papagaj

baltoji meška

polarni medvjed

pingvinas

pingvin

ryklys

morski pas

povas

paun

gyvatė

zmija

krokodilas

krokodil

zoologijos sodo prižiūrėtojas

čuvar u zološkom vrtu

ruonis

tuljan

jaguaras

jaguar

ponis

poni

leopardas

leopard

begemotas

nilski konj

žirafa

žirafa

erelis

orao

šernas

divlja svinja

žuvis

riba

vėžlys

kornjača

vėplys

morž

lapė

lisica

gazelė

gazela

amerikietiškas futbolas
američki fudbal

dviračių sportas
vožnja bicikla

tenisas
tenis

krepšinis
košarka

plaukimas
plivanje

boksas
boks

ledo ritulys
hokej na ledu

futbolas
fudbal

badmintonas
bedminton

atletika
laka atletika

rankinis
rukomet

slidinėjimas
skijanje

polas
polo

juoktis
smijati se

šokinėti
skakati

apkabinti
zagrliti

vaikščioti
ići

dainuoti
pjevati

svajoti
sanjati

melstis
moliti

bučiuoti
ljubiti

rašyti	piešti	rodyti
pisati	crtati	pokazati

stumti	duoti	imti
gurati	dati	uzeti

turėti

imati

daryti

raditi

būti

biti

stovėti

stajati

bėgti

trčati

traukti

vući

mesti

baciti

kristi

pasti

meluoti

ležati

laukti

čekati

nešti

nositi

sėdėti

sjediti

rengtis

obući

miegoti

spavati

pabusti

probuditi

žiūrėti

pogledati

verkti

plakati

glostyti

milovati

šukuoti

češljati

kalbėti

govoriti

suprasti

razumjeti

paklausti

pitati

klausytis

slušati

gerti

piti

valgyti

jesti

tvarkytis

pospremiti

mylėti

voljeti

gaminti

kuhati

vairuoti

voziti

skristi

letjeti

buriuoti

jedriti

skaičiuoti

računati

skaityti

čitati

mokytis

učiti

dirbti

raditi

vesti

vjenčavti

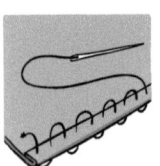

siūti

šiti

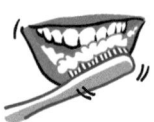

valytis dantis

prati zube

žudyti

ubiti

rūkyti

pušiti

siųsti

slati

senelė
baka

senelis
djed

tėvas
otac

motina
majka

kūdikis
beba

dukra
kćerka

sūnus
sin

svečias

gost

teta

ujna, tetka, strina

dėdė

ujak, tetak, stric

brolis

brat

sesuo

sestra

kūnas

tijelo

kakta
čelo
akis
oko
petys
leđa
pirštas
prst
veidas
lice
smakras
brada
plaštaka
ruka, šaka
krūtinė
grudi
koja
noga
ranka
ruka

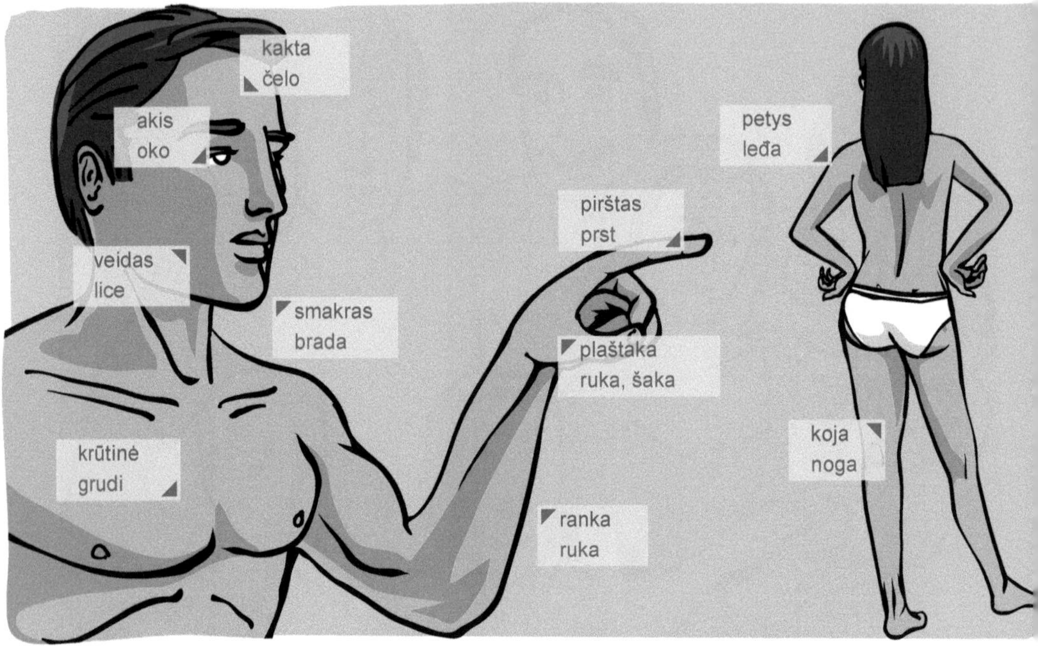

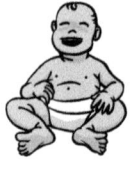

kūdikis

beba

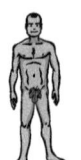

vyras

muškarac

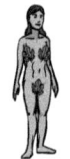

moteris

žena

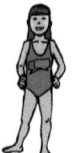

mergaitė

djevojčica

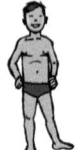

berniukas

dječak

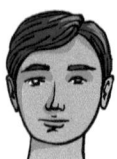

galva

glava

nugara

leđa

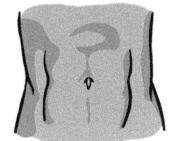

pilvas

stomak

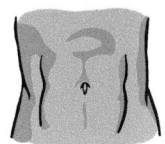

bamba

pupak

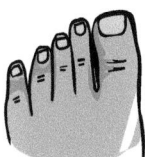

kojos pirštas

nožni prst

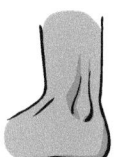

kulnas

peta

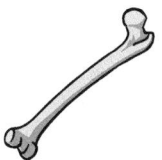

kaulas

kosti

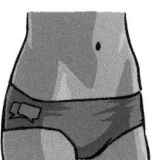

klubas

kuk

kelis

koljeno

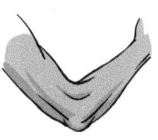

alkūnė

lakat

nosis

nos

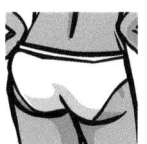

sėdmenys

stražnjica

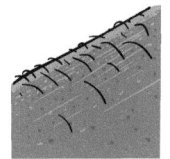

oda

koža

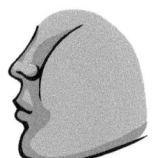

skruostas

obraz

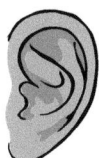

ausis

uho

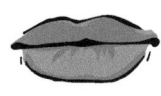

lūpa

usna

burna

usta

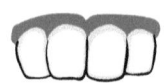

dantis

zub

liežuvis

jezik

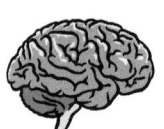

smegenys

mozak

širdis

srce

raumuo

mišić

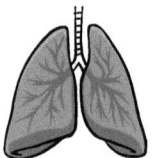

plaučiai

pluća

kepenys

jetra

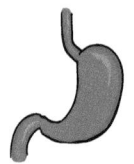

skrandis

želudac

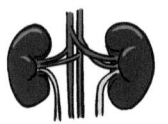

inkstai

bubreg

seksas

spolni odnos

prezervatyvas

kondom

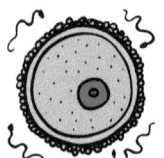

kiaušialąstė

jajna ćelija

sperma

sperma

nėštumas

trudnoća

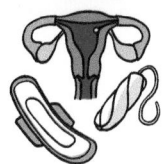

menstruacijos
menstruacija

makštis
vagina

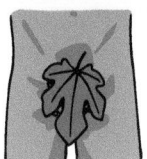

varpa
penis

antakis
obrva

plaukai
kosa

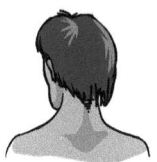

kaklas
vrat

ligoninė
bolnica

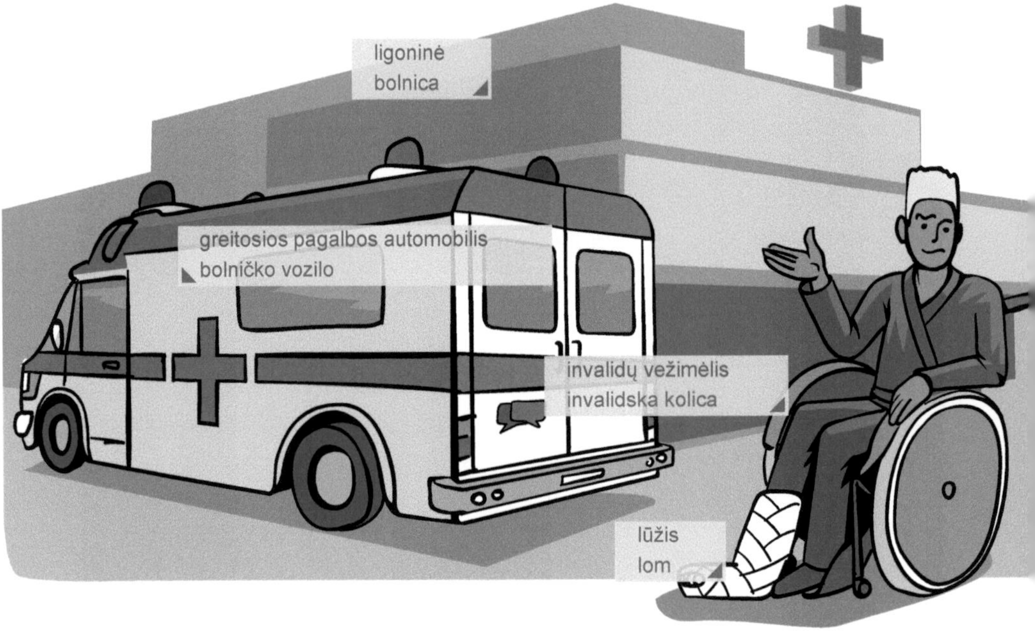

ligoninė
bolnica
greitosios pagalbos automobilis
bolničko vozilo
invalidų vežimėlis
invalidska kolica
lūžis
lom

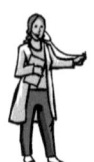

gydytojas

ljekar

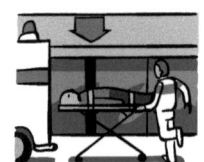

skubios pagalbos skyrius

hitna služba

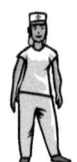

slaugytoja

medicinska sestra

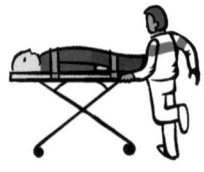

nelaimingas atsitikimas

hitna pomoć

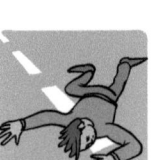

be sąmonės

nesvjest

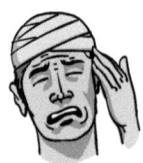

skausmas

bol

sužalojimas
povreda

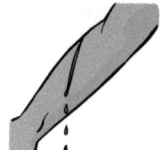

kraujavimas
krvarenje

širdies smūgis
srčani udar, infarkt

insultas
moždani udar

alergija
alergija

kosulys
kašalj

karščiavimas
groznica

gripas
gripa

viduriavimas
proljev

galvos skausmas
glavobolja

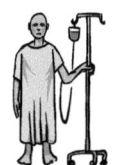

vėžys
rak

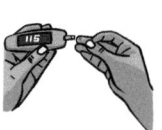

diabetas
dijabetes

chirurgas
hirurg

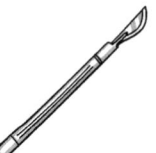

skalpelis
skalpel

operacija
operacija

KT
CT

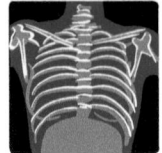

rentgenas
rendgen

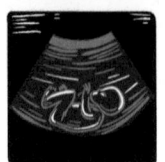

ultragarsas
ultrazvuk

veido kaukė
maska

liga
bolest

laukiamasis
čekaonica

ramentas
štake

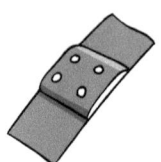

gipsas
flaster

tvarstis
zavoj

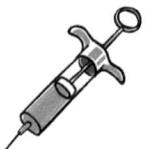

injekcija
injekcija

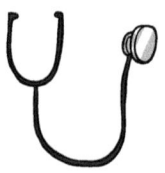

stetoskopas
stetoskop

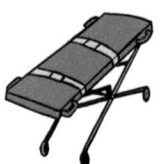

neštuvai
nosilo

termometras
termometar

gimimas
porod

antsvoris
prekomjerna težina, debljina

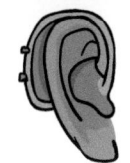

klausos aparatas

slušni aparat

dezinfekavimo priemonė

sredstvo za dezinfekciju

infekcija

infekcija

virusas

virus

ŽIV / AIDS

HIV/ AIDS

vaistas

medicina

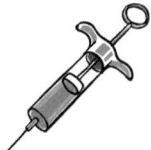

skiepijimas

vakcinacija

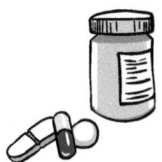

tabletės

tablete

piliulė

pilula

skubios pagalbos numeris

hitni poziv

kraujospūdžio matuoklis

aparat za mjerenje pritiska

ligotas / sveikas

bolestan / zdrav

Padėkite!

Upomoć!

pavojaus signalas

alarm

užpuolimas

napad, prepad

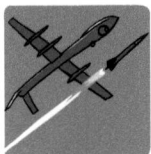

ataka

napad

pavojus

opasnost

avarinis išėjimas

izlaz u slučaju opasnosti

Gaisras!

Požar!

gesintuvas

vatrogasni aparat

nelaimingas atsitikimas

nezgoda

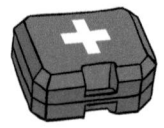

pirmosios pagalbos rinkinys

torba prve pomoći

SOS

SOS

policija

policija

Europa

Europa

Šiaurės Amerika

Sjeverna Amerika

Pietų Amerika

Južna Amerika

Afrika

Afrika

Azija

Azija

Australija

Australija

Atlanto vandenynas

Atlantik

Ramusis vandenynas

Pacifik

Indijos vandenynas

Indijski okean

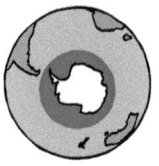

Pietų vandenynas

Antarktički okean

Arkties vandenynas

Arktički okean

Šiaurės ašigalis

Sjeverni pol

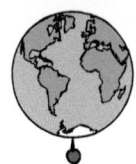

Pietų ašigalis

Južni pol

Antarktida

Antarktik

Žemė

Zemlja

sausuma

zemlja

jūra

more

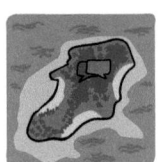

sala

ostrvo

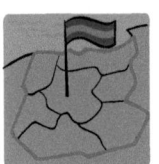

tauta

nacija

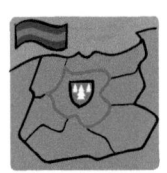

valstybė

država

ciferblatas

brojčanik sata

valandinė rodyklė

kazaljka sata

minutinė rodyklė

kazaljka minute

sekundinė rodyklė

kazaljka sekunde

Kiek valandų?

Koliko je sati?

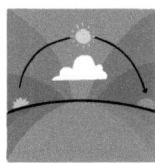

diena

dan

laikas

vrijeme

dabar

sada

skaitmeninis laikrodis

digitalni sat

minutė

minuta

valanda

sat

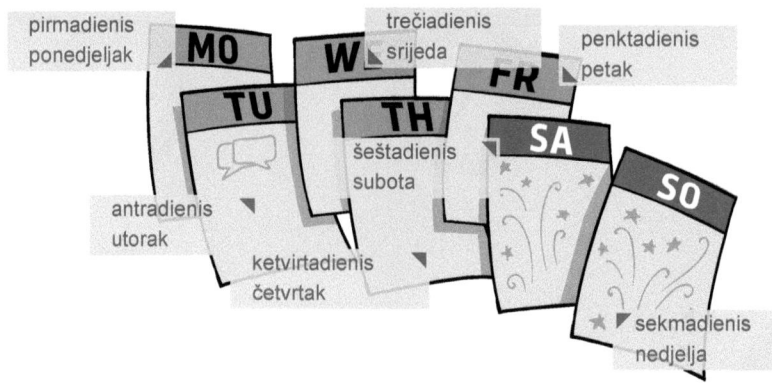

pirmadienis
ponedjeljak

trečiadienis
srijeda

penktadienis
petak

antradienis
utorak

šeštadienis
subota

ketvirtadienis
četvrtak

sekmadienis
nedjelja

vakar

juče

šiandien

danas

rytoj

sutra

rytas

jutro

vidurdienis

podne

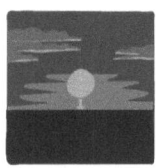

vakaras

veče

MO	TU	WE	TH	FR	SA	SU
1	2	3	4	5	6	7
8	9	10	11	12	13	14
15	16	17	18	19	20	21
22	23	24	25	26	27	28
29	30	31	1	2	3	4

darbo dienos

radni dani

MO	TU	WE	TH	FR	SA	SU
1	2	3	4	5	6	7
8	9	10	11	12	13	14
15	16	17	18	19	20	21
22	23	24	25	26	27	28
29	30	31	1	2	3	4

savaitgalis

vikend

metai
godina

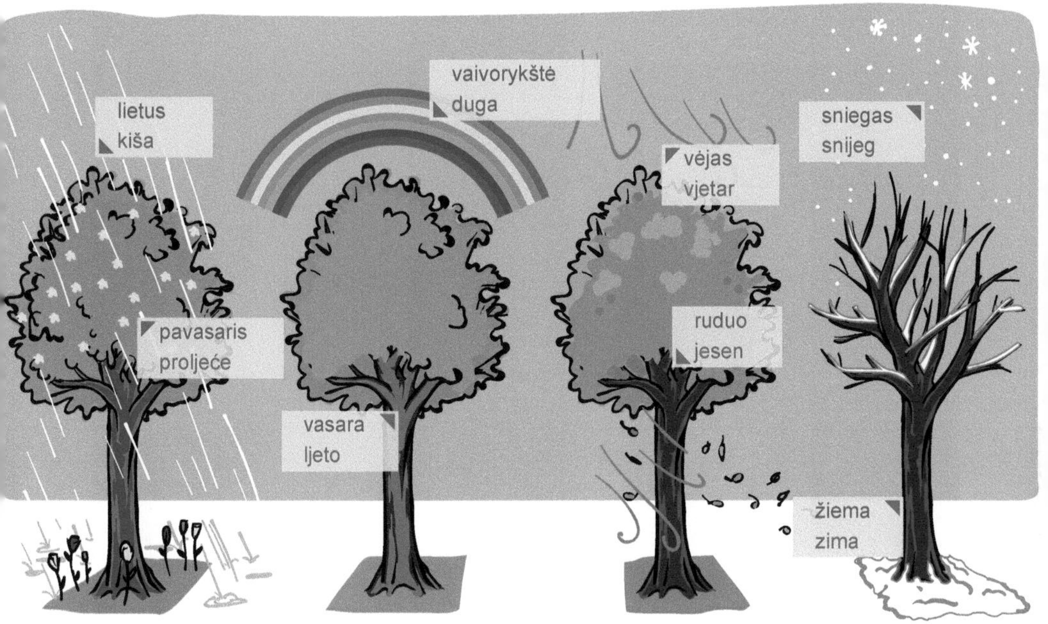
lietus
kiša
vaivorykštė
duga
vėjas
vjetar
sniegas
snijeg
pavasaris
proljeće
ruduo
jesen
vasara
ljeto
žiema
zima

4.APRIL 11°
5.APRIL 4°
6.APRIL 13°
7.APRIL 8°
8.APRIL 10°

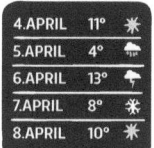

orų prognozė

prognoza vremena

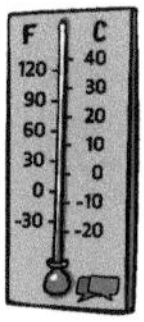
F C
120 40
90 30
60 20
30 10
0 0
-30 -10
-20

lauko termometras

termometar

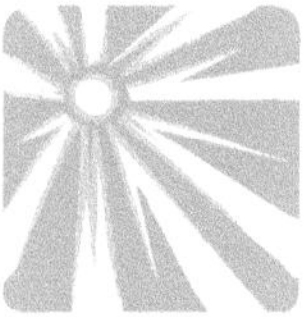

saulės šviesa

sunčev sjaj

debesis

oblak

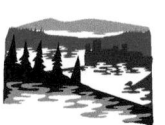

rūkas

magla

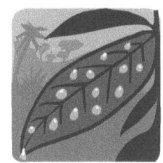

drėgmė

vlažnost vazduha

žaibas

munja

griaustinis

grom

audra

oluja

kruša

tuča, led

musonas

monsun

potvynis

poplava

ledas

led

sausis

januar

vasaris

februar

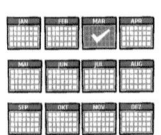

kovas

mart

balandis

april

gegužė

maj

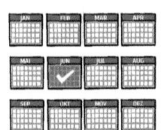

birželis

juni

liepa

juli

rugpjūtis

avgust

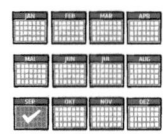

rugsėjis
septembar

spalis
oktobar

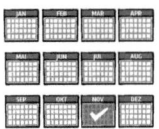

lapkritis
novembar

gruodis
decembar

formos
oblici

apskritimas
krug

kvadratas
kvadrat

stačiakampis
pravougao

trikampis
trougao

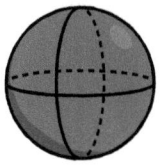

sfera
kugla

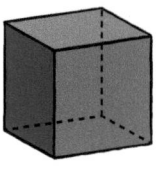

kubas
kocka

balta

bjel

geltona

žut

oranžinė

narandžast

rožinė

pink

raudona

crven

violetinė

ljubičast

mėlyna

plav

žalia

zelen

ruda

smeđ

pilka

siv

juoda

crn

daug / mažai

malo / mnogo

piktas / ramus

ljutit / miran

gražus / bjaurus

lijep / ružan

pradžia / pabaiga

početak / kraj

didelis / mažas

veliki / mali

šviesus / tamsus

svijetlo / tamno

brolis / sesuo

brat / sestra

švarus / purvinas

čist / prljav

užbaigtas / neužbaigtas

potpun / nepotpun

diena / naktis

dan / noć

miręs / gyvas

mrtav / živ

platus / siauras

široko / usko

valgomas / nevalgomas

ukusno / neukusno

piktas / malonus

zao / prijatan

linksmas / nuobodus

uzbuđen / dosadan

storas / plonas

debeo / mršav

pirmiausia / paskiausia

najprije / najkasnije

draugas / priešas

prijatelj / neprijatelj

pilnas / tuščias

pun / prazan

kietas / minkštas

trvd / mekan

sunkus / lengvas

težak / lagan

alkis / troškulys

glad / žeđ

ligotas / sveikas

bolestan / zdrav

nelegalus / legalus

ilegalan / legalan

protingas / kvailas

inteligentan / glup

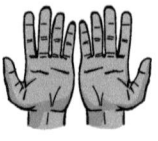

kairė / dešinė

lijevo / desno

arti / toli

blizu / daleko

naujas / naudotas

nov / polovan

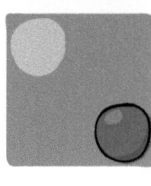

niekas / kažkas

ništa / nešto

senas / jaunas

star / mlad

įjungta / išjungta

uključeno / isključeno

atidaryta / uždaryta

otvoreno / zatvoreno

tylus / garsus

tiho / glasno

turtingas / vargšas

bogat / siromašan

teisus / neteisus

tačno / pogrešno

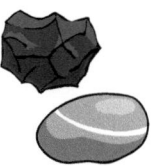

šiurkštus / švelnus

hrapav / glatak

liūdnas / laimingas

tužan / srećan

trumpas / ilgas

kratak / dug

lėtas / greitas

spor / brz

drėgnas / sausas

mokro / suho

šiltas / šaltas

toplo / hladno

karas / taika

rat / mir

0	1	2
nulis	vienas	du
nula	jedan	dva

3	4	5
trys	keturi	penki
tri	četiri	pet

6	7	8
šeši	septyni	aštuoni
šest	sedam	osam

9	10	11
devyni	dešimt	vienuolika
devet	deset	jedanaest

12	**13**	**14**
dvylika	trylika	keturiolika
dvanaest	trinaest	četrnaest

15	**16**	**17**
penkiolika	šešiolika	septyniolika
petnaest	šesnaest	sedamnaest

18	**19**	**20**
aštuoniolika	devyniolika	dvidešimt
osamnaest	devetnaest	dvadeset

100	**1.000**	**1.000.000**
šimtas	tūkstantis	milijonas
sto	hiljada	milion

anglų

engleski

amerikiečių anglų

američki engleski

kinų (mandarinų)

kinesko mandarinski

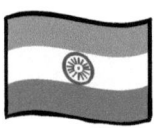

hindi

hindi

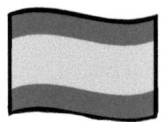

ispanų

španski

prancūzų

francuski

arabų

arapski

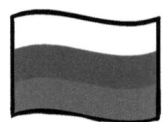

rusų

ruski

portugalų

portugalski

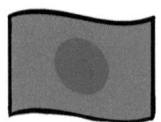

bengalų

bengalski

vokiečių

njemački

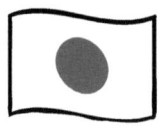

japonų

japanski

aš

ja

tu

ti

jis / ji

on / ona / ono

mes

mi

jūs

vi

jie

oni

kas?

ko?

ką?

šta?

kaip?

kako?

kur?

gdje?

kada?

kada?

vardas

ime

už
....
iza

kur (vieta)
....
u

priešais
....
pred

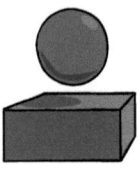

virš
....
iznad

ant
....
na

po
....
ispod

prie
....
pored

tarp
....
između

vieta
....
mjesto